Carnets du Saint-Laurent

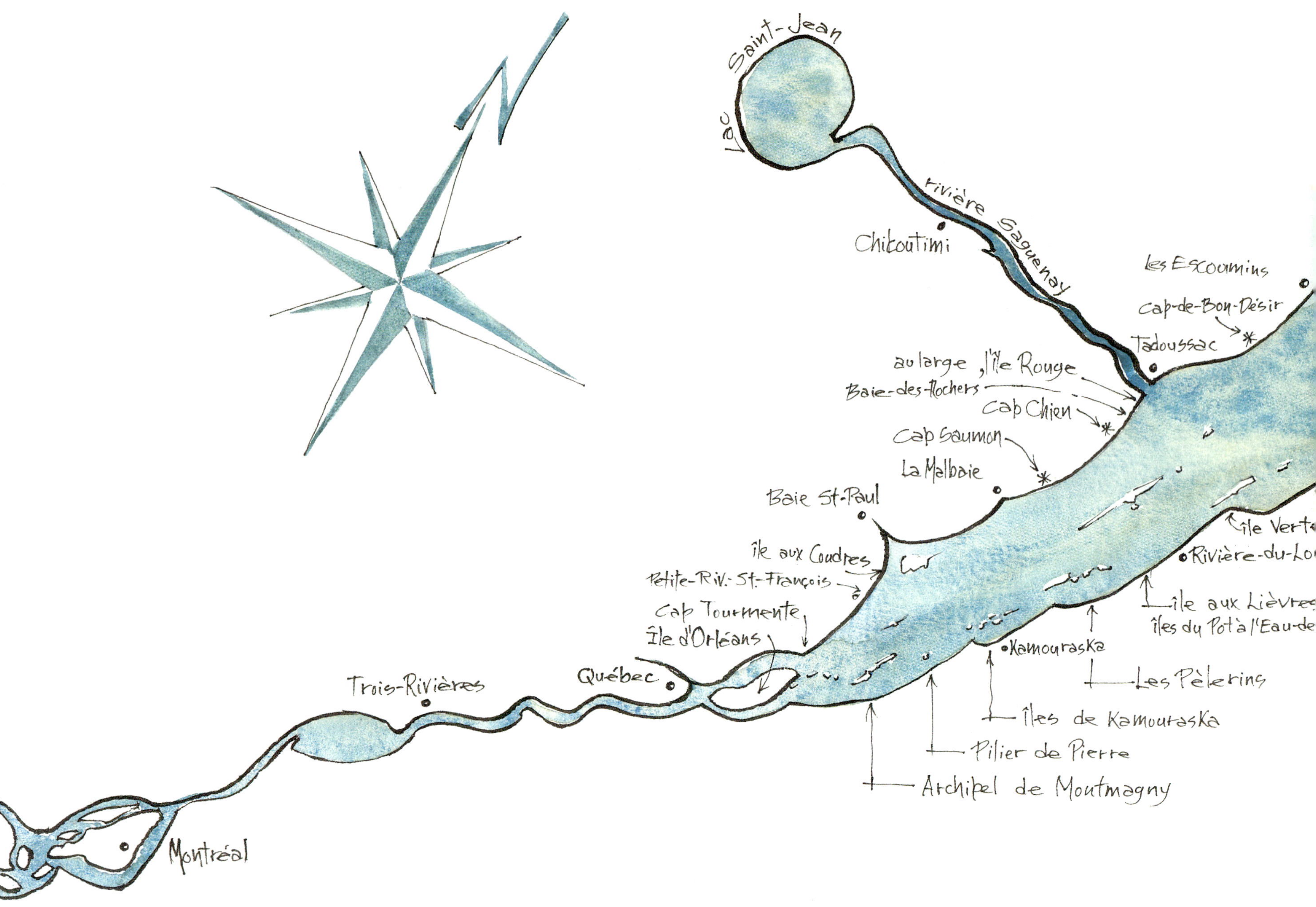

Lac Saint-Jean
Rivière Saguenay
Chicoutimi
Les Escoumins
Cap-de-Bon-Désir
Tadoussac
au large, l'île Rouge
Baie-des-Rochers
Cap Chien
Cap Saumon
La Malbaie
Baie St-Paul
île aux Coudres
Petite-Riv.-St-François
Cap Tourmente
Île d'Orléans
Québec
Trois-Rivières
Montréal
île Verte
Rivière-du-Loup
île aux Lièvres
îles du Pot à l'Eau-de
Kamouraska
Les Pèlerins
îles de Kamouraska
Pilier de Pierre
Archipel de Montmagny

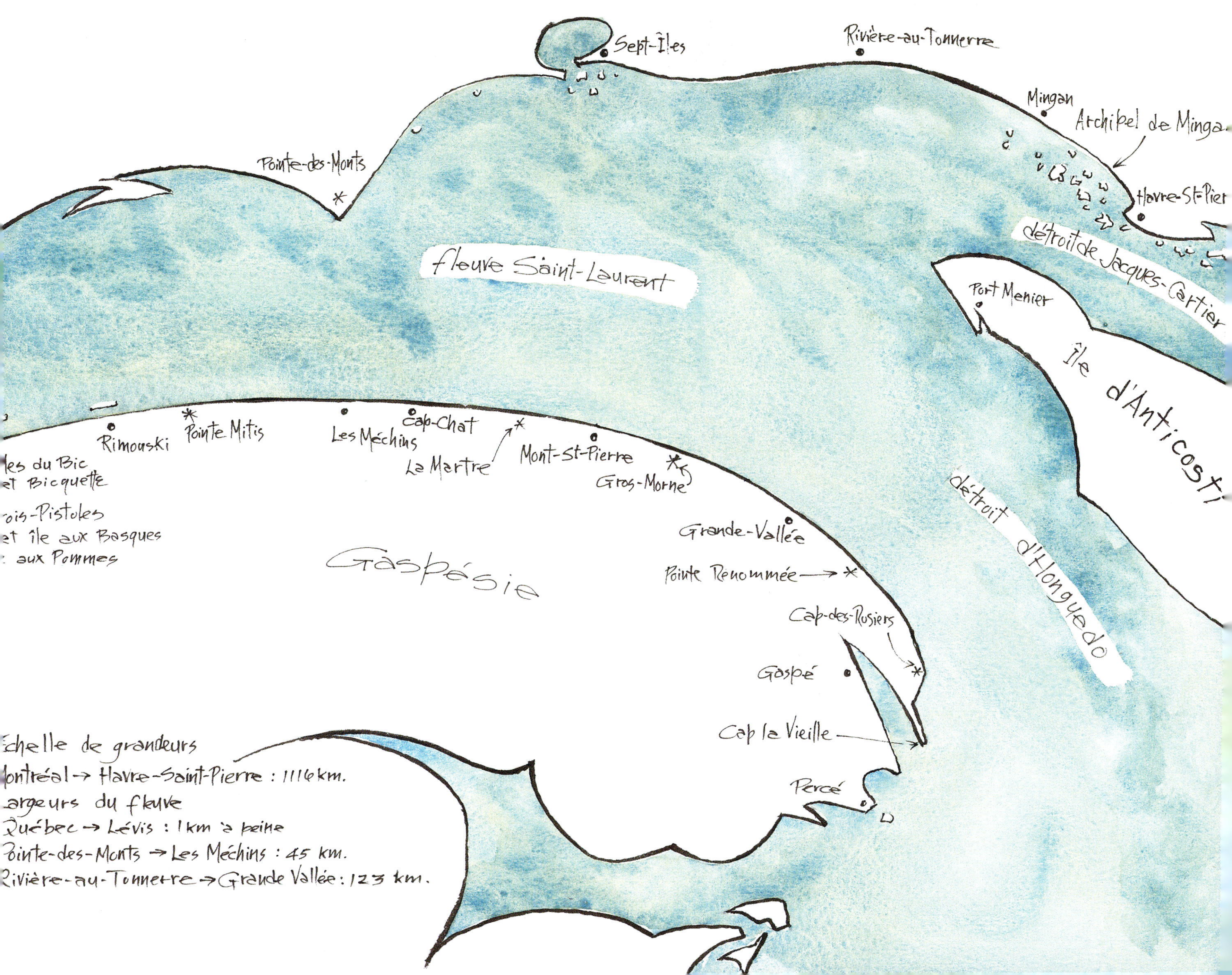
Sept-Îles
Rivière-au-Tonnerre
Mingan
Archipel de Mingan
Havre-St-Pierre
Pointe-des-Monts
fleuve Saint-Laurent
détroit de Jacques-Cartier
Port Menier
Île d'Anticosti
Rimouski
Pointe Mitis
Les Méchins
Cap-Chat
La Martre
Mont-St-Pierre
Gros-Morne
les du Bic
et Bicquette
rois-Pistoles
et île aux Basques
aux Pommes
détroit d'Honguedo
Grande-Vallée
Gaspésie
Pointe Renommée
Cap-des-Rosiers
Gaspé
Cap la Vieille
Percé
Échelle de grandeurs
Montréal → Havre-Saint-Pierre : 1116 km.
Largeurs du fleuve
Québec → Lévis : 1 km à peine
Pointe-des-Monts → Les Méchins : 45 km.
Rivière-au-Tonnerre → Grande Vallée : 123 km.

Infographie : Isabelle Robichaud

Distribution pour le Québec :
Diffusion Dimedia
539, boulevard Lebeau
Saint-Laurent (Québec) H4N 1S2

Pour la France :
D.E.Q.
30, rue Gay-Lussac
75005 Paris

865, avenue Moncton
Québec (Québec) G1S 2Y4

1975, boulevard Industriel
Laval (Québec)
H7S 1P6

ISBN 2-922265-09-9

Les éditions de L'instant même et les éditions 400 Coups reçoivent pour leur programme de publication l'aide du Conseil des Arts du Canada et celle de la Société de développement des entreprises culturelles du Québec. Elles reconnaissent l'aide du gouvernement du Canada par l'entremise du Programme d'aide au développement de l'industrie de l'édition (PADIÉ) pour leurs activités d'édition. Canada

Carnets du Saint-Laurent

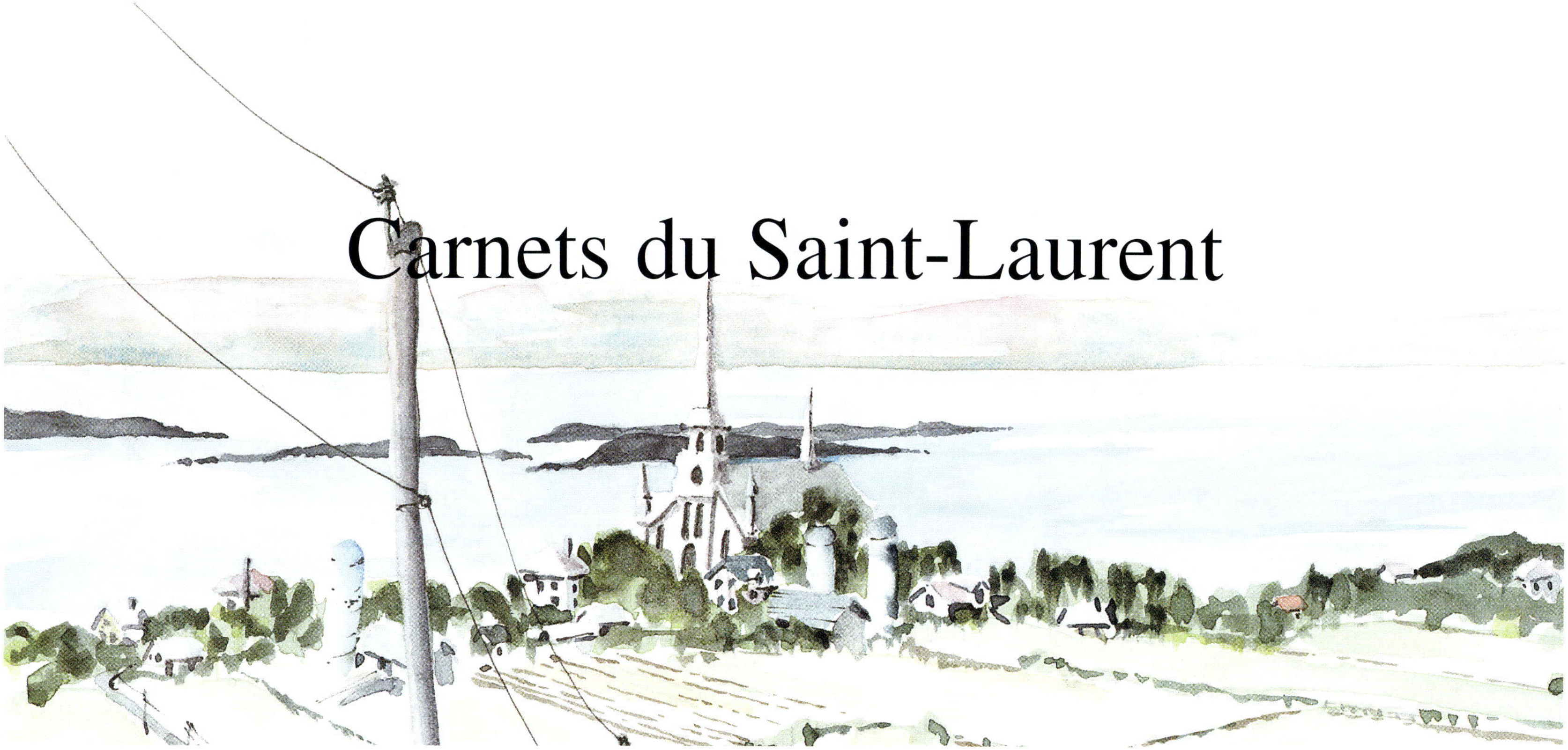

Texte et illustrations de Gilles Matte
avec la collaboration de Gilles Pellerin
pour le texte
Préface de Jean Allard

Les heures bleues

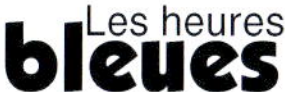

À Geneviève

Plusieurs personnes ont facilité mon travail dans la réalisation de ces carnets. Denis Chamard de la Garde côtière canadienne et l'historien Normand Lafrenière m'ont aiguillé vers une documentation précieuse. Jean Bédard de la Société Duvetnor, Paul-Louis Martin, Robert Langevin et Gérard Raymond m'ont ouvert leurs horizons sur le fleuve. Je me souviens de sorties en bateaux vers l'île Bicquette avec l'ancien gardien de phare Patrice Thibault, vers l'île aux Pommes et l'île Rouge avec Gaston Déry, vers le pilier de Pierre et l'île aux Corneilles avec Richard Joubert et Marie Beïque. Un merci particulier aux pilotes du Bas-Saint-Laurent, André Bernier, Marc-André Fortin, Yves Pelletier et André Lavoie. Je ne voudrais surtout pas oublier Yvon Le Corre, artiste et marin breton dont la griffe est pour moi une inspiration.

Gilles Matte

À l'origine des carnets de voyage sur le Saint-Laurent et des instructions nautiques publiées par les pouvoirs publics furent sans nul doute les notes des pilotes français et anglais qui consignaient les observations pertinentes à la navigation et, à l'occasion, y adjoignaient des perspectives utiles aux navigateurs.

Les autorités de la Nouvelle-France considéraient le fleuve comme une défense naturelle, en raison de la difficulté à y naviguer. La suite des événements allait malheureusement démontrer que ce rempart, deux fois utile, contre Phipps et Walker, ne pouvait empêcher l'histoire de suivre son cours et l'Amérique septentrionale de « passer à l'ennemi ». Au XVIII*e et début* XIX*e, jusqu'à l'avènement des remorqueurs à vapeur, les instructions nautiques britanniques comparaient la difficulté de la navigation sur le Saint-Laurent à celle du passage du cap Horn. Imaginons un instant le navire à voiles carrées sans motorisation embouquant la traverse Saint-Roch ou le passage de Petite-Rivière-Saint-François...*

À l'heure de la navigation par satellite, de la diffusion de cartes marines très précises et de l'assistance électronique, le Saint-Laurent a perdu cet aspect redoutable d'antan, mais rien de sa superbe, au grand plaisir des amateurs de navigation à voile. Le cadre est somptueux : descendre le fleuve au départ de Québec au rythme des courants de marée qui tantôt freinent, tantôt accélèrent la course, entre les hauteurs de Charlevoix et les battures de la rive sud, en égrenant les villages et leurs remarquables églises, est une aventure qu'on n'oublie pas de sitôt.

De côte nord en rive sud, en fonction du vent, l'on parcourt ce fleuve devenu mer progressivement ; des petits ports de pêche blottis au fond des baies, joliment nommés Manche-d'Épée, Pointe-à-la-Frégate, Cloridorme, Anse-à-Valleau, Mont-Louis, jalonnent cette immense avenue qui pénètre au cœur du continent américain et dont le trafic de cargos et de minéraliers révèle au loin l'importance.

Que dire de la découverte, du pont d'un bateau, des merveilles de la Côte-Nord : baie de Sept-Îles, archipel de Mingan, Rivière-au-Tonnerre,

Natashquan ! Dans ce pays de brume et de courants froids venus du Labrador, les multiples phares et balises sont d'accueillants clins d'œil au navigateur. L'austérité et le dépouillement des paysages charment tout autant que l'accueil chaleureux de ses habitants.

Ces données d'histoire et de technique de navigation, Gilles Matte les connaît bien. Il traite les détails avec sobriété, grand respect et fine observation : phares, bouées, récifs, amers de tous ordres ainsi que tous les indices de ce tempérament dont est doté le fleuve, parfois redoutable et toujours redouté des marins anciens et actuels.

L'utilisation de l'aquarelle pour illustrer des carnets de voyage s'inscrit dans une longue tradition. Rappelons-nous que la pratique du voyage à des fins de loisirs, c'est-à-dire le tourisme, naissait au XIXe siècle dans l'empire britannique. Les Anglais découvraient avec ravissement les splendeurs de l'Égypte et de la Grèce anciennes. Le désir de communiquer cette beauté généralisera l'usage de l'aquarelle, qui sèche rapidement et se transporte aisément.

Au réalisme souvent fastidieux de la photo et du caméscope, l'aquarelle oppose la poésie qu'y ajoute le créateur. Gilles Matte, par ses intérêts pour la flore et la faune aquatiques, par sa culture et ses connaissances d'observation du monde maritime, sait nous faire partager son émerveillement.

Jean Allard

Mes premiers contacts avec le fleuve Saint-Laurent datent de mon enfance, alors que ma famille passait ses étés à Cap-Santé, village situé à une quarantaine de kilomètres en amont de Québec sur la rive nord. Déjà, j'étais fasciné par le jeu des marées qui soumettait ce grand cours d'eau à une métamorphose constante. Les bateaux qui circulaient au large et les pilotes que j'imaginais à leurs commandes m'entraînaient dans des voyages fabuleux.

Plus tard, toujours à Cap-Santé, j'ai chassé la sauvagine. Ce n'était pas tant la chasse elle-même qui me motivait que le plaisir intense d'être accroupi derrière les roches, dans le vent et le froid d'automne, à écouter le sifflement des ailes de milliers de garrots passant au-dessus de ma tête.

J'ai appris les noms des canards et des oiseaux marins, j'ai su comment les reconnaître d'après leur silhouette, leur vol, leur cri. Ce besoin et cette satisfaction de nommer la faune ailée se sont par la suite étendus aux caractéristiques physiques du fleuve – caps, baies, îles, chenaux... – dont les noms, souvent, me faisaient remonter aux premiers temps de notre histoire.

Bientôt j'ai voulu découvrir le grand fleuve, le sauvage, le lointain, le salé, celui qui s'ouvre, gigantesque, à la pointe Argentenay de l'île d'Orléans. Depuis nombre d'années, avec mes fidèles compagnons – mes crayons et mes pinceaux –, j'explore ses berges à pied, à vélo, en auto, arpentant les battures et les rochers, empruntant les sentiers non battus et les petites routes inconnues donnant sur la mer. Ma préférence va toutefois au rythme lent de la voile, qui me permet d'imaginer les frissons éprouvés par les premiers arrivants ou encore de me retrouver dans la peau d'un de ces peintres topographes qui, avant l'avènement de la photographie, faisaient partie de toutes les expéditions.

Parce qu'ils m'obligent à arrêter le temps, à scruter les scènes qui m'émeuvent, le dessin et l'aquarelle ajoutent au bonheur de mes pérégrinations. Ils sont aussi complices de mon œil d'architecte, sensible à la beauté et à l'harmonie du patrimoine bâti ou du moins ce qu'il en reste : cœurs de villages ancestraux, bâtiments aux fonctions révolues, vestiges d'ensembles architecturaux.

Les aquarelles et dessins que voici ont été exécutés lors des six dernières années. Puissent-ils vous entraîner à ma suite d'une rive à l'autre, de Québec à Gaspé, de Charlevoix à la Minganie.

On ne peut résister au Saint-Laurent. Le voilier *Nanuq* est paré pour l'embarquement. Hissons les voiles !

Gilles Matte

Quelque chose d'ancien subsiste dans la scène qu'on embrasse du haut de la redoute du Cap Diamant, une dernière hésitation du Saint-Laurent entre les falaises de Québec et celles de Lévis, « là où le fleuve se rétrécit », avant qu'il n'enveloppe l'île d'Orléans, amarrée en aval, et ne prenne résolument la direction de la mer. Les canons pointent le passé de leurs gueules aujourd'hui muettes : l'amiral Phipps, venu de Boston, avait chargé une estafette de présenter les conditions de la reddition de Québec au comte de Frontenac.

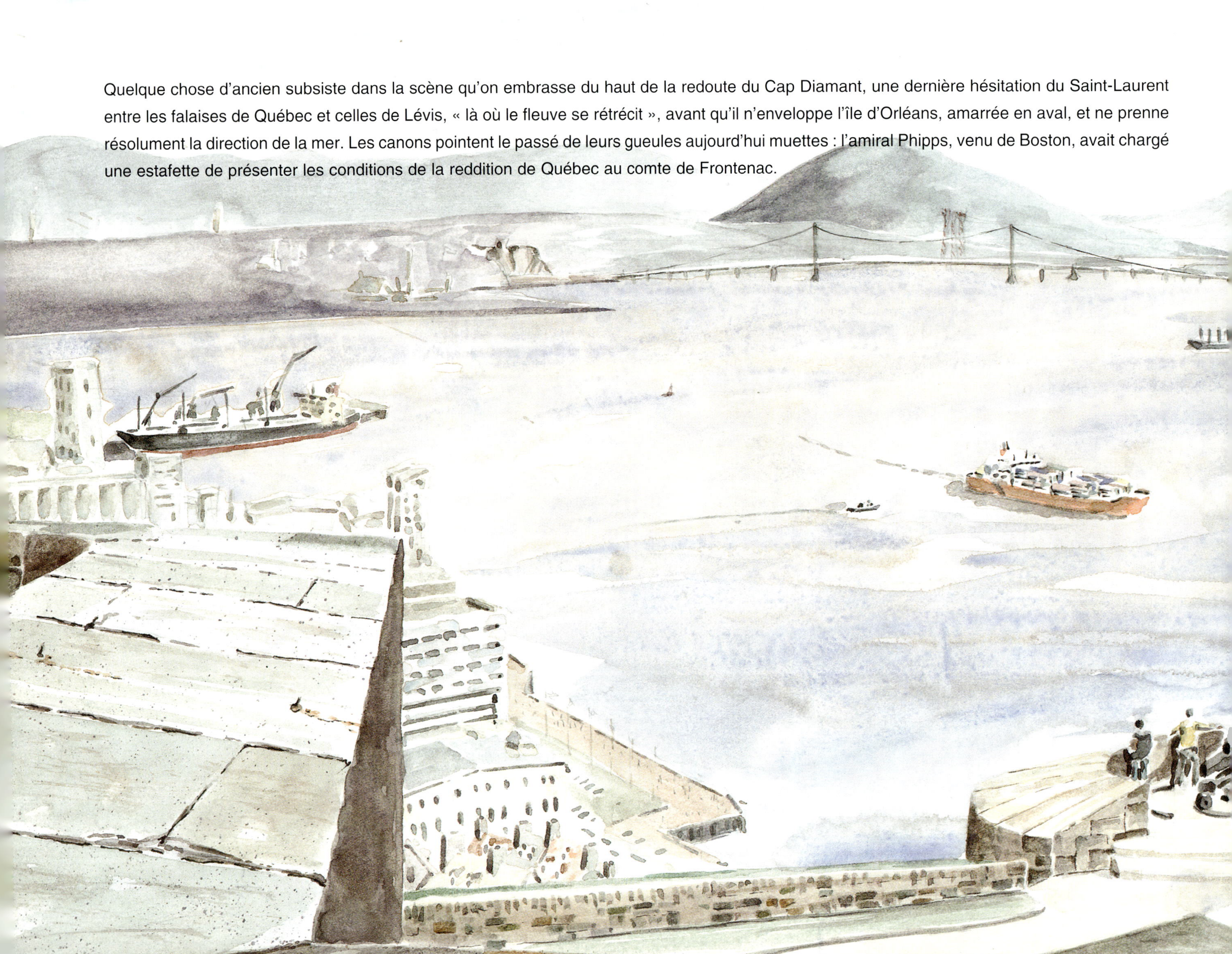

On n'envoyait pas mander pareil homme de la sorte. Monsieur le comte fit donc savoir qu'il répondrait par la bouche de ses canons. Phipps dut lever le siège. Le fleuve d'automne se chargea du reste en engloutissant une partie de la flotte. Trois ans après la retraite de Phipps on construisait la redoute ; plus tard, Bainbridge, Forrest, Bartlett et combien d'autres en feraient l'un des plus fameux panoramas du Nouveau Monde.

Avant la construction du pont de l'île d'Orléans en 1935, les insulaires s'en remettaient à des embarcations pour gagner la terre ferme, notamment pour aller vendre leurs produits à Québec. Le pont a rendu caduque la chalouperie Godbout de l'actuel Parc maritime de Saint-Laurent.

la traverse Nord
de la côte de la Miche

Des hauteurs de la côte de la Miche, devant les terres de M. Martineau, se découpent, de gauche à droite, les îles aux Ruaux, Madame et d'Orléans, piquées d'amers orangés. De l'autre côté du fleuve, sur la côte du Sud, les flèches du clocher de Berthier (en aval) et ceux de Saint-Vallier et Saint-Michel (en amont) servent encore d'amers aux navigateurs. Certes l'on navigue aux instruments, mais pourquoi s'abstrairait-on du paysage ?

d'amont en aval

→ Mt-Ste-Anne - Cap Tourmente - Cap Brulé - Cap Rouge - Cap Gribane - Cap Maillard - Cap de la Baie et le Mont des Éboulements

→ l'île aux Ruaux - Grosse Île - Gointon - l'île à Deux Têtes - l'île à la Sottise - île Ste-Marguerite

Après avoir emprunté la traverse nord, les bateaux de fort tonnage suivent le chenal qui mouille le pied des caps de Charlevoix. Caps Tourmente, Brûlé, Rouge, Gribane, Maillard..., grand ourlet de la montagne laurentienne venue mourir ici. Les bateaux de plaisance et les navires de faible tonnage peuvent emprunter le chenal sud qui longe l'archipel de Montmagny. On vient de laisser derrière soi la déraison des battures du monde de Félix Leclerc *(Le fou de l'île)* et *Les grandes marées* de Jacques Poulin. Un autre monde commence avec l'archipel de Montmagny (archipel de L'Isle-aux-Grues, pour les insulaires), à l'ombre de la croix celtique chargée de rappeler, dans la Grosse Île, les épidémies d'il y a un siècle et demi.

Lorsque le choléra et le typhus ravagent le milieu du XIXe siècle, des milliers d'émigrants quittent l'Irlande déjà dévastée par la famine, en quête de pain, de feu et de lieu. Pour avoir accès à l'Amérique de tous les rêves, il leur faut d'abord s'arrêter à l'île de la quarantaine, la Grosse Île, se soumettre à la décontamination. Puis, selon qu'ils sont jugés sains ou malades, on les dirige vers des logements (de première, deuxième ou de troisième classe, comme sur les bateaux) ou vers des lazarets, ces deux ensembles de bâtiments étant séparés l'un de l'autre par un isthme naturel. Parcs Canada a récemment rénové les bâtiments dévolus à la désinfection, ici présentés dans leur état antérieur.

Il arrivait fréquemment que, tout juste débarqués, les immigrants meurent et qu'on les ensevelisse dans des fosses communes ou des cimetières de fortune. Leur Amérique n'avait duré que quelques jours. Peut-on imaginer plus modeste antichambre que la Grosse Île ? Au cimetière d'en bas, une stèle, unique en son genre, rappelle la mémoire d'un charpentier du Cumberland. Le bas-relief, représentant un chêne coupé, commun en Angleterre, évoque la tristesse causée par une mort survenue dans la fleur de l'âge.

Les pilotes d'en bas ont pour mission de mener les navires de Québec aux Escoumins ou inversement. Le 7 août 1998, piloté par Yves Pelletier, le cargo hollandais *M.V. Buntygrach* descend à une vitesse de dix-sept nœuds, avec le courant, dans le chenal Beaujeu. Puis il s'engage dans l'étroite traverse Saint-Roch et le chenal sud jusqu'à l'île Rouge pour ensuite obliquer presque franc nord jusqu'aux Escoumins.

040°
Pointe ouest de l'île aux Gru
l'île Ste-Marguerite
Grosse Île
Cap Tourmente
Mt-Ste-Anne
à bord du
BUNTYGRACHT" avec le
pilote Yves Pelletier

Eau-forte contre eau forte : l'atelier de gravure de Jean-Paul Riopelle, toit rouge et appentis à fleur d'eau sur la rive nord de l'île aux Oies.

le H-83 sur tribord
Courant de 7 nœuds, dans le chenal St-Roch
entre St-Roch-des-Aulnaies et l'Île-aux-Coudres

chute
Bord d'attaque de la plume
vent
pattes pendantes
G. Matte
plus arrondie sur la chute de la plume

La brume se lève, perce un rayon de soleil et apparaissent les vestiges du phare du pilier de Pierre, au large de Saint-Jean-Port-Joli, comme un souvenir de Tintin dans le donjon de l'Île Noire. Plusieurs fois la proie des vandales, cette magnifique construction est considérée comme une ruine irrécupérable par les autorités tandis que les amoureux du patrimoine souhaitent la voir classée comme site historique. Qui aura le dernier mot ?

Un beau soir d'été, je m'y rends avec mes compagnons de voyage. Prudent, Richard reste dans le pneumatique pendant que je fouine avec Marie. Soudain un nordet se lève et en un rien de temps il soulève des moutons d'un mètre de haut. Le retour se fait en une heure et demie et nous arrivons complètement trempés.

H 94

À l'approche d'une bouée rouge, les navires observent la règle des trois R, *Red - Returning – Right* : laisser la bouée rouge à droite en remontant le cours d'eau. Les oies blanches n'ont pas adhéré aux conventions maritimes internationales. La vague s'est parée de leurs rémiges.

À skier au Massif de
la Petite-Rivière-Saint-François
on s'imprègne du fleuve et on en perçoit
l'échelle. En prime on s'offrira la délicieuse
illusion de dévaler dans le fleuve, au risque d'écraser
ce tout petit bateau, un porte-conteneurs tout de même
long de cent quatre-vingt-dix mètres.

Le passage de l'île aux Coudres, entre le phare de la pointe de la Prairie (plus familièrement désignée sous le nom de pointe Prairie) et le cap aux Corbeaux, juste à la sortie de la baie Saint-Paul. À l'embouchure de la rivière du Gouffre, une épave, *L'Accalmie*, repose contre le quai. Quelles histoires renferme sa coque trouée ?

Même si la navigation moderne s'appuie sur la haute technologie, les amers terrestres et les repères visuels servent encore à confirmer la position des navires, comme en fait foi André Lavoie, pilote entre Québec et les Escoumins : « Quand, en remontant le fleuve, un navire se présente dans le passage de l'île aux Coudres, il suit une course de 250°. Sur bâbord, lorsque le phare de la pointe Prairie se trouve en ligne avec le cap Labranche sur l'île aux Coudres, il faut tourner à 235°. Sur tribord apparaît alors, derrière le cap aux Rets, le premier clocher de Baie-Saint-Paul : c'est le temps de tourner à 220°. Quand le deuxième clocher apparaît, on tourne à 205°. À ce moment, en regardant derrière, on devrait se trouver dans l'alignement de Cap-aux-Corbeaux et ce, jusqu'au cap Maillard. »

Pointe Prairie, le plus vieux
mouillage du fleuve

L’île aux Coudres et le quai de Saint-Joseph-de-la-Rive vus des hauteurs des Éboulements, au printemps.

À Saint-Joseph-de-la-Rive, le dernier chantier consacré à la préservation et à la restauration de notre patrimoine maritime, avant qu'il ne soit dévasté par un incendie. Aucun des bâtiments à voile qui ont navigué sur le Saint-Laurent n'a résisté au temps et à l'abandon. Les quelques « goélettes » survivantes sont en fait des caboteurs à moteur des années soixante. Ils ont conservé le nom des deux-mâts qui avant eux faisaient le cabotage sur le fleuve.

St-Joseph-de-la-Rive
avant le malheureux incendie

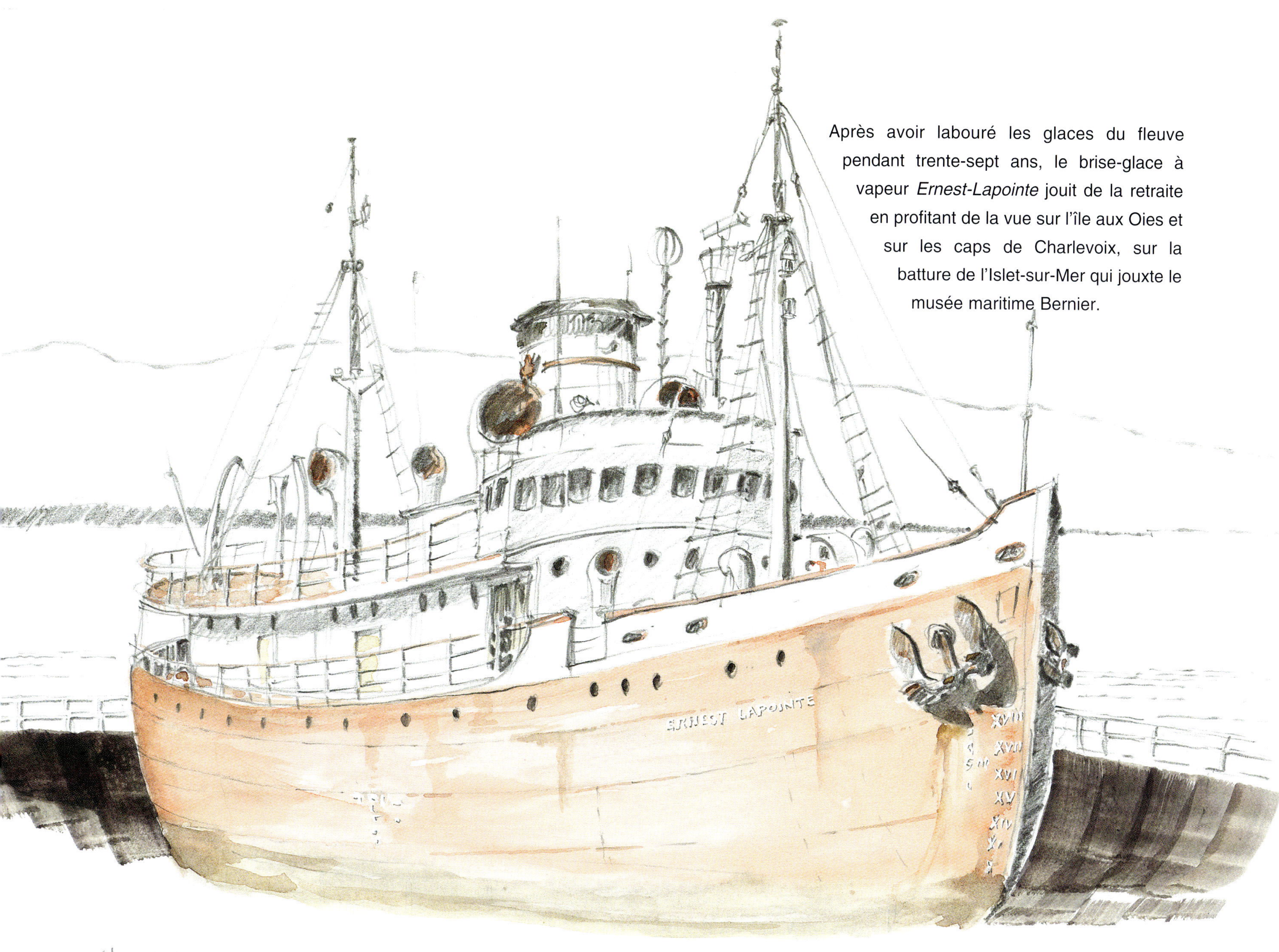

Après avoir labouré les glaces du fleuve pendant trente-sept ans, le brise-glace à vapeur *Ernest-Lapointe* jouit de la retraite en profitant de la vue sur l'île aux Oies et sur les caps de Charlevoix, sur la batture de l'Islet-sur-Mer qui jouxte le musée maritime Bernier.

Les quais servaient de traits d'union entre le monde halieutique et le monde terrestre, signes de ponctuation jetés dans le fleuve. À l'instar de nombreux quais du Saint-Laurent, celui de Saint-Roch-des-Aulnaies a été démoli, après avoir été longtemps laissé à l'abandon, et ses débris ont été enterrés dans les champs avoisinants. Il arrive qu'on mette la mer en terre...

Tout le long de la côte du sud entre Montmagny et Rivière-du-Loup, la silhouette du mont des Éboulements est omniprésente, rorqual gigantesque fermant l'horizon. Pour l'automobiliste venu de Québec par l'autoroute 20, le spectacle ne le cède en rien à celui qui s'offre aux marins et aux plaisanciers : à la hauteur de L'Islet, la route bifurque franc nord sur une courte distance. Le mont des Éboulements, point culminant des caps de Charlevoix, surgit alors droit devant.

du Cap au Diable, le Gros Îlet

Le mont des Éboulements est toujours là quand, à l'extrémité ouest de la baie de Kamouraska, au cap au Diable, apparaît le Gros Îlet au milieu d'un cortège d'îlots rocheux. Le fleuve tantôt charrie l'abondance et la sérénité de Kamouraska, tantôt offre le spectacle de l'âpreté.

Kamouraska, vu de l'île aux Corneilles, comme s'il jaillissait de l'univers d'Anne Hébert, entraîné par l'élan du clocher.

Un spectacle commun le long du fleuve en été, de Kamouraska en descendant. Trois ou quatre mères eider groupent leurs petits en « crèche » pour mieux les surveiller et les protéger.

Le village de Kamouraska : notre classicisme à nous.

île aux Harengs - baie de

Gravir la montagne Mississipi et imaginer le plaisir de la buse se laissant porter par les courants ascendants le long de la falaise, au-dessus du village et des îles de Kamouraska, des aboiteaux et des pêches à anguilles.

Les filets ont remplacé les fascines en bois pour diriger les anguilles vers les entonnoirs et les coffres où elles sont récoltées (îlot Julien, Kamouraska).

Sur la ferme de Gérard Raymond, à l'ombre du cap au Diable, on découvre des structures bizarres qui fixent le fleuve comme si elles rêvaient à l'île de Pâques. Ces vieux coffres et entonnoirs de bois ont servi à la pêche à l'anguille.

Le Kamouraska semble çà et là gardé par des sentinelles rocheuses figées près du fleuve, « là où il y a du jonc au bord de l'eau » (« Kamouraska » en langue algonquine). Tout donne à croire que, dans le lointain passé glaciaire, les buttes de Saint-Germain émergeaient de l'eau.

Les buttes de St-Germain
brume d'automne sur les aboiteaux

C'est dans la région, plus précisément à Saint-Denis, que Horace Miner, chef de file de l'École de Chicago, est venu étudier le mode d'occupation des terres par le peuple canadien-français. La descente vers Kamouraska par la route Lauzier, de préférence quand on peut jouir de la lumière estivale de dix-huit heures, ne cache rien de l'harmonie de l'habitat dans son milieu.

À Kamouraska le paysage est beau, la toponymie, modeste, comme dans ce rang du Petit Village.

Fumoir à poissons
St-André de Kamouraska
Faudrait pas qu'un chat passe par là.
Cabane de pêcheur

Presque en face de Saint-André de Kamouraska, un archipel a été baptisé du nom de Pèlerins parce qu'à certaines heures du jour, rapporte la tradition, les îles avaient l'air de marcheurs vêtus de pèlerines peinant dans le fleuve.

Sur l'île du Long Pèlerin, une tour métallique a remplacé le phare, qu'on n'a pas réussi à détruire complètement et qui s'accroche au roc, à l'image de la végétation chétive.

Rivière Fouquette - Les Pèlerins

Une multitude d’oiseaux marins ont élu domicile sur l’immuable procession des îles vers l’est : le Gros Pèlerin, à droite, ouvre la marche, suivi du Pèlerin du Milieu, du Pèlerin du Jardin, du Long Pèlerin et du Petit Pèlerin. Les Pèlerins abritent notamment la plus importante colonie de petits pingouins de l’estuaire et du golfe Saint-Laurent. Au large, à droite, l’île aux Lièvres et les îles du Pot à l’Eau-de-Vie.

Par le travers du *Buntygrach*, l'île aux Lièvres et les îles du Pot à l'Eau-de-Vie (le Gros Pot, le Petit Pot et le Pot du Phare). Les îles du Bas-Saint-Laurent (vocable qui regroupe ces îles et les Pèlerins) sont vouées à la nidification de l'eider à duvet, du cormoran à aigrette, du guillemot à miroir, du grand héron, du bihoreau gris, de la mouette tridactyle et du petit pingouin.

l'île aux lièvres et
les îles du Pot-à-l'Eau-de-Vie

Rosa rugosa,
rosier rugueux, très commun sur
les îles et les rives du Bas-Saint-Laurent.
Son fruit, riche en vitamine C, peut être
transformé en une délicieuse gelée.

Grâce aux bons offices de la Société Duvetnor, corporation sans but lucratif qui protège les îles du Bas-Saint-Laurent et redonne au public l'accès à ce paradis sauvage et grandiose, on peut passer la nuit dans un phare magnifiquement restauré de l'île du Pot à l'Eau-de-Vie, mieux connue des marins sous le nom de « Brandy Pot ». Là aussi l'amateur de toponymie s'en donnera à cœur joie, certains prétendant que l'île doit son nom à sa forme, et d'autres, à une source d'eau bleutée rappelant les bons petits boires qui aident à traverser l'hiver, le corps et l'âme au chaud. Du haut de la tour, le coucher du soleil n'est pas non plus piqué des vers.

La rive nord de l'île aux Lièvres fait face aux falaises de Charlevoix et au phare du cap de la Tête au Chien (« cap Chien » pour les pilotes et les marins), qui s'élève à soixante-trois mètres au-dessus du niveau de la mer. Un réseau de passerelles et d'escaliers disloqués relie encore les différents bâtiments de ce phare abandonné.

G. Matte

Sur les cartes marines, le phare du Cap au Saumon, situé à quelques kilomètres en amont du cap de la Tête au Chien, est ainsi identifié : Fl (3)20s 25m 20M *Fog Sig* (3) 60s, ce qui signifie « Trois éclats de lumière à toutes les vingt secondes, à vingt-cinq mètres de haut, visibles à vingt milles. Dans la brume, il émet trois cris à toutes les soixante secondes. »

Pour sa part, le phare de cap Chien enverra le signal suivant aux bateaux : Fl (2)5s 63m 13M *Fog Sig* 60s.

l'eau turquoise de la Baie des Rochers est unique

Il faut avoir entendu les cris du kakawi résonner sur les parois de Baie-des-Rochers, aux eaux turquoise, pour comprendre Félix-Antoine Savard d'y avoir construit son refuge en 1940. À l'intérieur, d'une pièce de bois de grève sculptée par le peintre André Morency, on a fait la tablette de la cheminée. Entre les profils de Mgr Savard et de son père, une phrase extraite d'une chanson du folklore québécois et une scène évoquant les voyages en canot dont était friand l'auteur de *Menaud*.

Canards kakawis au vol noir et blanc, rapide et erratique, accompagné d'un *iodel* très personnel.

Canards Kakawi

LE VENT DU NORD M'APPELLE

Inauguré en 1809, le phare de l'île Verte, en aval de Cacouna, est le plus vieux du Saint-Laurent. Les familles Hambelton, Lindsay, Fraser et Lafrance s'y sont succédé pour en assurer la fiabilité.

Pour guider les navigateurs dans la brume, on utilisait alors des canons ; plus tard des charges de dynamite, entreposées dans des poudrières, rempliront cet office. De 1856 à 1896, quand ils entendaient un coup de canon aux trente minutes, les marins naviguant dans la brume se savaient dans les parages de l'île Verte que Jacques Cartier lui-même aurait ainsi baptisée en raison de l'épais boisé qui la recouvrait. Plus tard, au début du XVIIe siècle, Champlain mentionne que des contrebandiers rochelois viennent y faire du troc avec les Amérindiens.

Le phare de l'île Verte, comme les autres phares du Saint-Laurent, s'en remet au vieux principe architectural suivant lequel « *form follows function* » : la pointe agit comme paratonnerre, la flèche sert de girouette et place l'évent de façon à expulser l'humidité et la fumée des lampes. À remarquer aussi, à la base de la coupole : les petits tuyaux drainant la condensation, les poignées assurant la sécurité du gardien et les arcs-boutants étayant la coupole. L'ensemble allie utilité, ingéniosité et beauté, comme quoi le fonctionnalisme n'enlaidit pas forcément le paysage. Comment dessiner ces détails haut perchés ? Le crayon à la main et les jumelles au cou.

la seule façon de dessiner
ces détails haut-perchés : le
crayon à la main et les jumelles
au cou...
phare de l'île-Verte, le plus vieux
du St-Laurent

Il y a trente ans encore, tous les groupements de bâtiments sur l'île Verte comprenaient un fumoir à harengs au toit hérissé de cheminées. Ici comme ailleurs, le fleuve se présente sous sa double nature : meurtrière du côté des rochers affleurant à marée basse, dits les Couillons, nourricière par le hareng donné à fumer.

Des hauteurs du deuxième rang de Trois-Pistoles, le paysage est démesuré et on ne s'étonne pas qu'en pareil théâtre la construction de l'église ait donné lieu à l'une des légendes les plus célèbres du répertoire national, légende suivant laquelle c'est le diable qui s'en serait chargé, aidé d'un cheval fantastique. Toute la région s'offre au regard : la pointe d'en bas de l'île Verte, l'île aux Pommes, l'île aux Basques, l'île Rouge, les caps de Charlevoix, l'entrée du Saguenay – que d'aucuns appellent « le bœuf du Saguenay », réputé pour ses coups de vent et ses cohortes de nuages –, les dunes de sable de Tadoussac, le cap de Bon-Désir, les Escoumins, etc.

Le nom même de Trois-Pistoles aurait pu fournir moult épisodes à un roman à l'ancienne, avide de beaux naufrages : les uns racontent qu'un marin (un missionnaire ?) échoué, penché par-dessus bord pour étancher sa soif aux eaux pures de la rivière se jetant dans le fleuve, aurait échappé et perdu trois pistoles ; d'autres prétendent que des naufragés auraient fait cadeau de la somme à leur sauveteur. Un traversier a bel et bien existé : on exigeait trois pistoles pour le passage de la rivière.

Entre l'île Verte et l'île aux Basques, une île minuscule : l'île aux Pommes, où prolifère l'airelle vigne-d'Ida, une petite baie rouge poussant en tapis ras et serrés qu'Acadiens et Gaspésiens désignaient sous le nom de pomme de terre en raison de sa ressemblance, à échelle réduite, avec la pomme.

coté nord de l'île aux Pommes

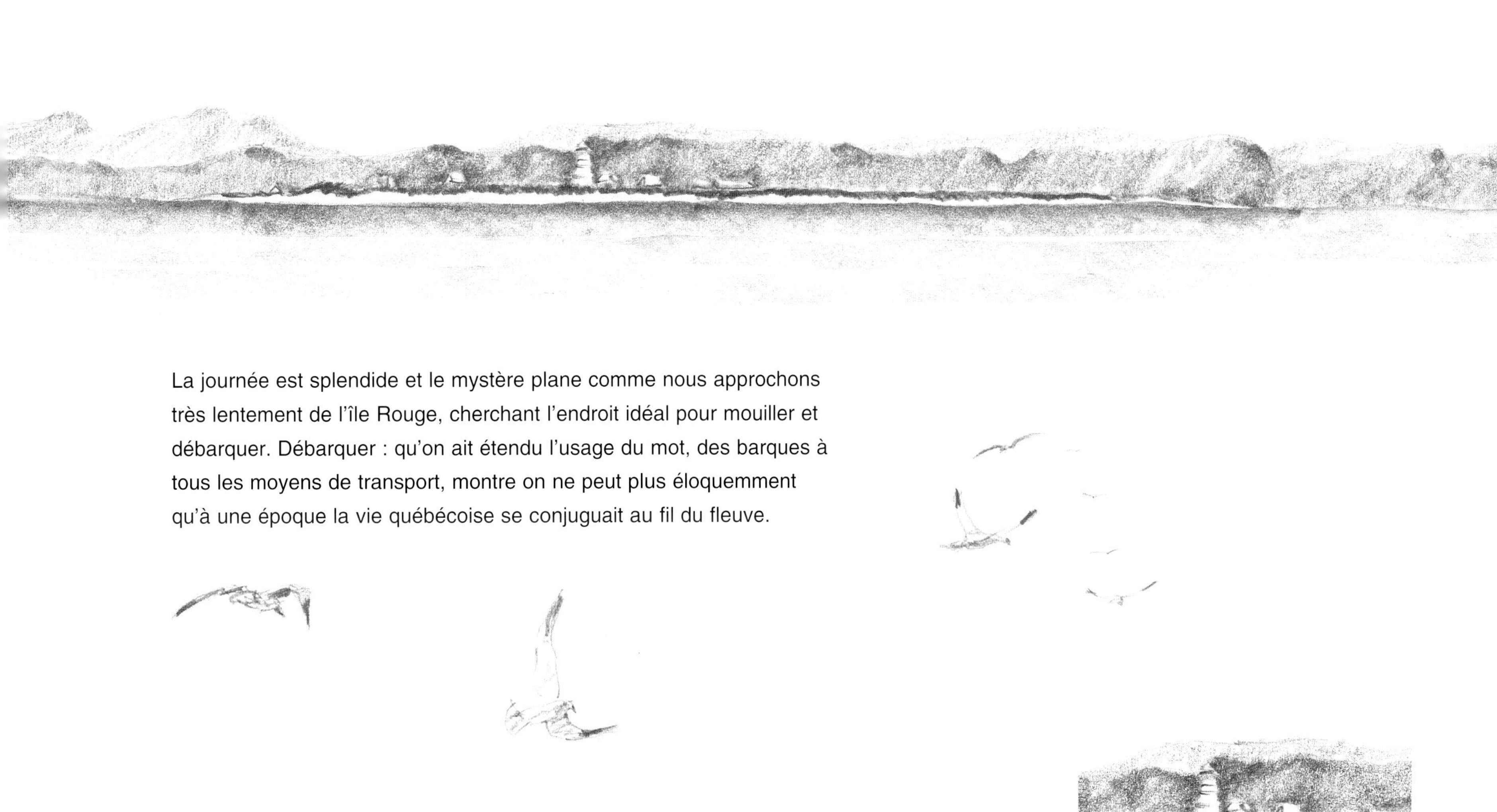

La journée est splendide et le mystère plane comme nous approchons très lentement de l'île Rouge, cherchant l'endroit idéal pour mouiller et débarquer. Débarquer : qu'on ait étendu l'usage du mot, des barques à tous les moyens de transport, montre on ne peut plus éloquemment qu'à une époque la vie québécoise se conjuguait au fil du fleuve.

Le phare de l'île Rouge doit se garantir des rigueurs du climat. Aussi a-t-on ceinturé chaque section de la tour d'un cordon de pierre dans le but d'éloigner la pluie des joints dont le gel et le dégel consécutifs viendraient à bout. De même les percées profondes en ogive protègent-elles portes et fenêtres. Malgré cela, ce magnifique phare en pierre d'Écosse, abandonné lui aussi, se désagrège. Quant au dessinateur, c'est d'une pluie de fiente qu'il doit se garantir !

1848, année riche en événements : Paris s'insurge contre Louis-Philippe, et Lamartine, poète des eaux calmes, proclame la République une et indivise ; les déclarations d'indépendance se multiplient dans toute l'Europe ; de nouveau on chante « La Tour, prends garde ! » La politique et la littérature sentent l'exploit et le cachot : Alexandre Dumas publie *Le vicomte de Bragelonne* trois ans après *Le comte de Monte-Cristo*. Dans sa décrépitude le phare de l'île Rouge invite à la rêverie. Un fleuve, une île, une date et un cadenas : il n'y a plus qu'à inventer une belle histoire.

Au nord-ouest de l'île Rouge, après avoir laissé le pilier-phare du haut-fond Prince sur bâbord, le bateau court sur 273°, dans les alignements de Pointe Noire. Les hauts-fonds et les battures menacent tout autour. L'alignement nous conduit vers la sécurité des eaux profondes du fjord du Saguenay.

J'entends Rosaire Otis, qui a sillonné les eaux de la basse Côte-Nord toute sa vie : « Ça, c'est le pas de la baleine bleue. »

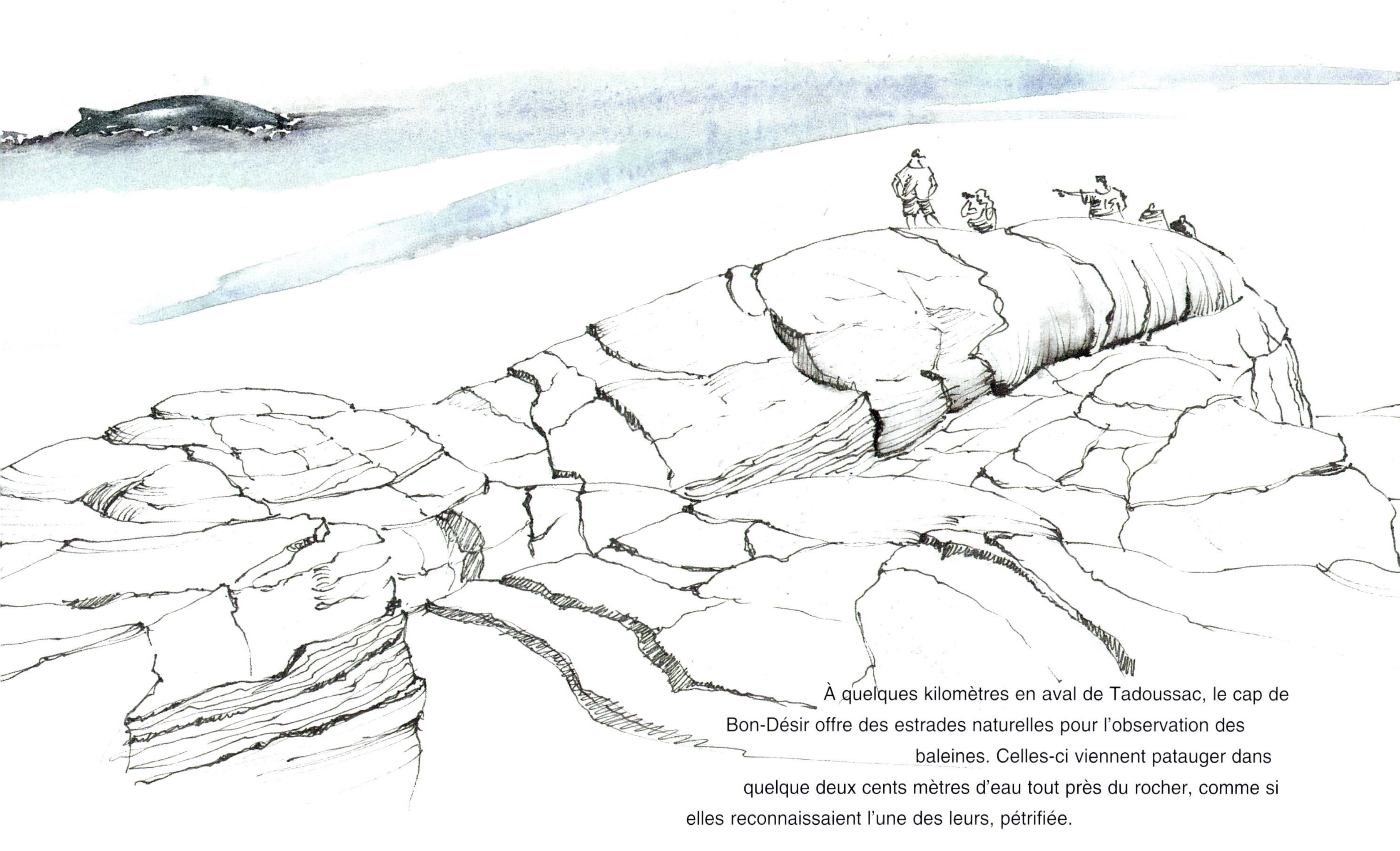

À quelques kilomètres en aval de Tadoussac, le cap de Bon-Désir offre des estrades naturelles pour l'observation des baleines. Celles-ci viennent patauger dans quelque deux cents mètres d'eau tout près du rocher, comme si elles reconnaissaient l'une des leurs, pétrifiée.

Embarquement d'un pilote
aux Escoumins
Pavillon G
Je demande les
services d'un pilote
bâteau-pilote
Pavillon H
J'ai un pilote à bor

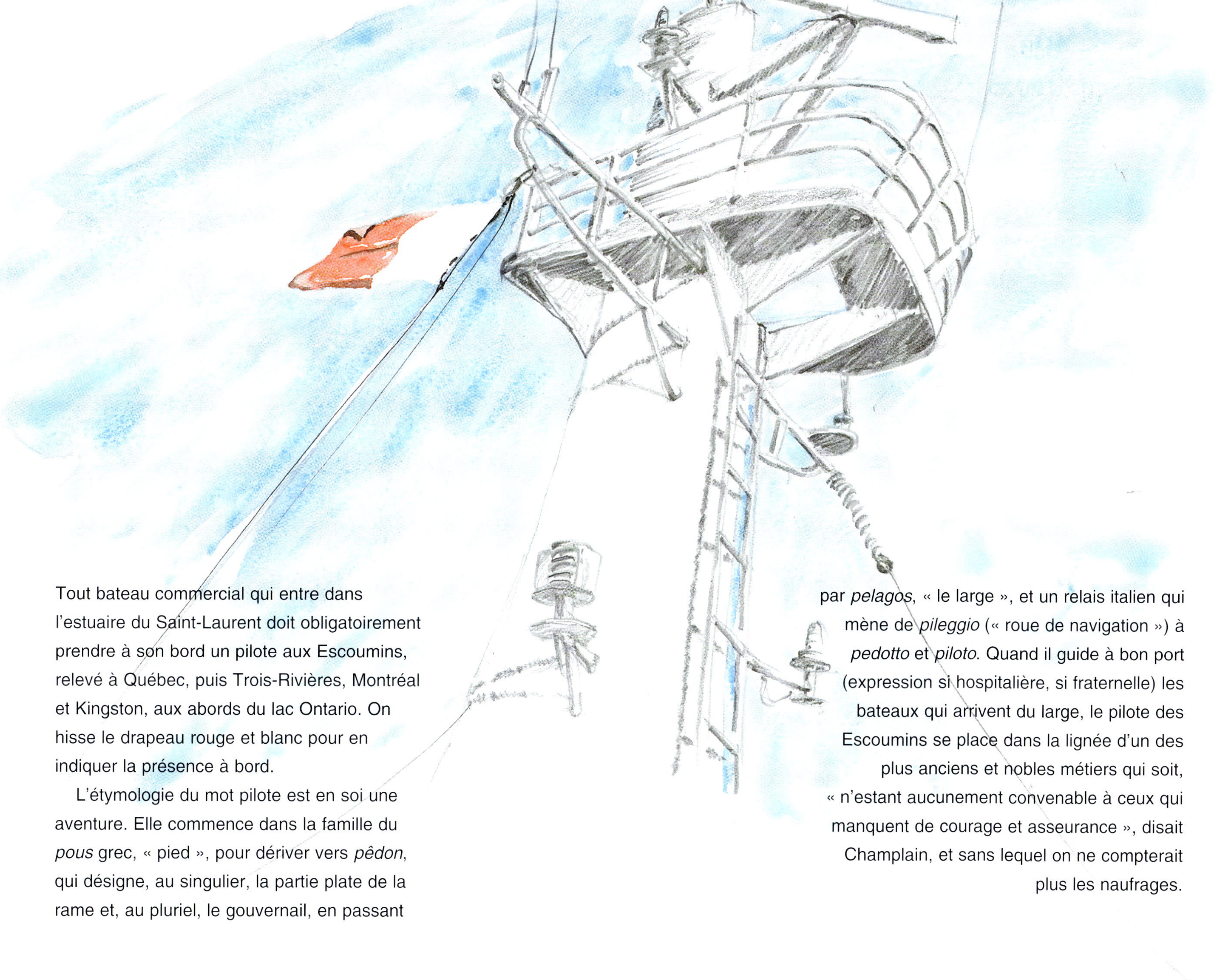

Tout bateau commercial qui entre dans l'estuaire du Saint-Laurent doit obligatoirement prendre à son bord un pilote aux Escoumins, relevé à Québec, puis Trois-Rivières, Montréal et Kingston, aux abords du lac Ontario. On hisse le drapeau rouge et blanc pour en indiquer la présence à bord.

L'étymologie du mot pilote est en soi une aventure. Elle commence dans la famille du *pous* grec, « pied », pour dériver vers *pêdon*, qui désigne, au singulier, la partie plate de la rame et, au pluriel, le gouvernail, en passant par *pelagos*, « le large », et un relais italien qui mène de *pileggio* (« roue de navigation ») à *pedotto* et *piloto*. Quand il guide à bon port (expression si hospitalière, si fraternelle) les bateaux qui arrivent du large, le pilote des Escoumins se place dans la lignée d'un des plus anciens et nobles métiers qui soit, « n'estant aucunement convenable à ceux qui manquent de courage et asseurance », disait Champlain, et sans lequel on ne compterait plus les naufrages.

je fais un maudit saut
un petit rorqual
vient de me souffler ds

Les canons de l'île Bicquette, au large du village du Bic, tonnaient autrefois à intervalle régulier quand le temps se bouchait. Plus tard, ils ont été remplacés par un cornet à brume actionné à la vapeur, abrité dans un bâtiment à flanc de rocher. De nombreux naufrages attestent la nécessité de l'installation.

Ici c'est par un parement de planches retenues par des bandes de métal que l'on protège le mortier de la tour de pierre légèrement cintrée. Partout dans la vallée du Saint-Laurent (qu'on pense à l'élégant larmier, typique de l'architecture domestique de Kamouraska), il a fallu garantir la maçonnerie de l'assaut insidieux de l'eau et du gel.

L'île Bicquette offre son lot de nichées.
Les deux bêtes du haut pondent des œufs de fonte.

Phare de Petit-Métis
ou Pointe Métis

Quelle surprise, aux Méchins, après tant d'installations désaffectées d'accoster enfin à un quai vibrant de bruit. Les grues s'activent autour d'un brise-glace en cale sèche.

Cap-Chat défile lentement, a 5-6 noeuds

Structure octogonale impressionnante et seul phare de bois de cette envergure sur le Saint-Laurent, fonctionnant encore avec son système de poids original, le phare de La Martre est maintenant voué à la connaissance des phares et des balises.

Au détour d'un cap, des formes colorées planent doucement entre le ciel, la terre et la mer, profitant des courants ascendants de l'été, à l'ouest de Mont-Saint-Pierre.

Des vents contraires nous forcent à nous abriter quelques jours dans le petit port gaspésien de Grande-Vallée.

Grande-Vallée

Longtemps en exil à Québec, coincé entre le boulevard Champlain et l'édifice de la Garde côtière, le phare de la pointe à la Renommée est revenu chez lui, dans le vent, la brume et l'air salin. De quelle renommée cette avancée dans la mer jouit-elle donc ? Champlain désigne l'endroit sous trois toponymes, au fil de ses explorations : Cap l'Evesque (1603), Cap à Levesque (1612) et Cap des Boutonnières (1625). Ici comme ailleurs, le naufrage est pourvoyeur de noms : plusieurs navires français ayant croisé dans les eaux du fleuve et du golfe ont porté le nom *La Renommée*. L'histoire s'embellit quand on apprend que des naufragés condamnés à y passer l'hiver baptisèrent le lieu Pointe à la Faim, ce qui de prononciation erronée en traduction devint successivement Fame Point et Pointe à la Renommée.

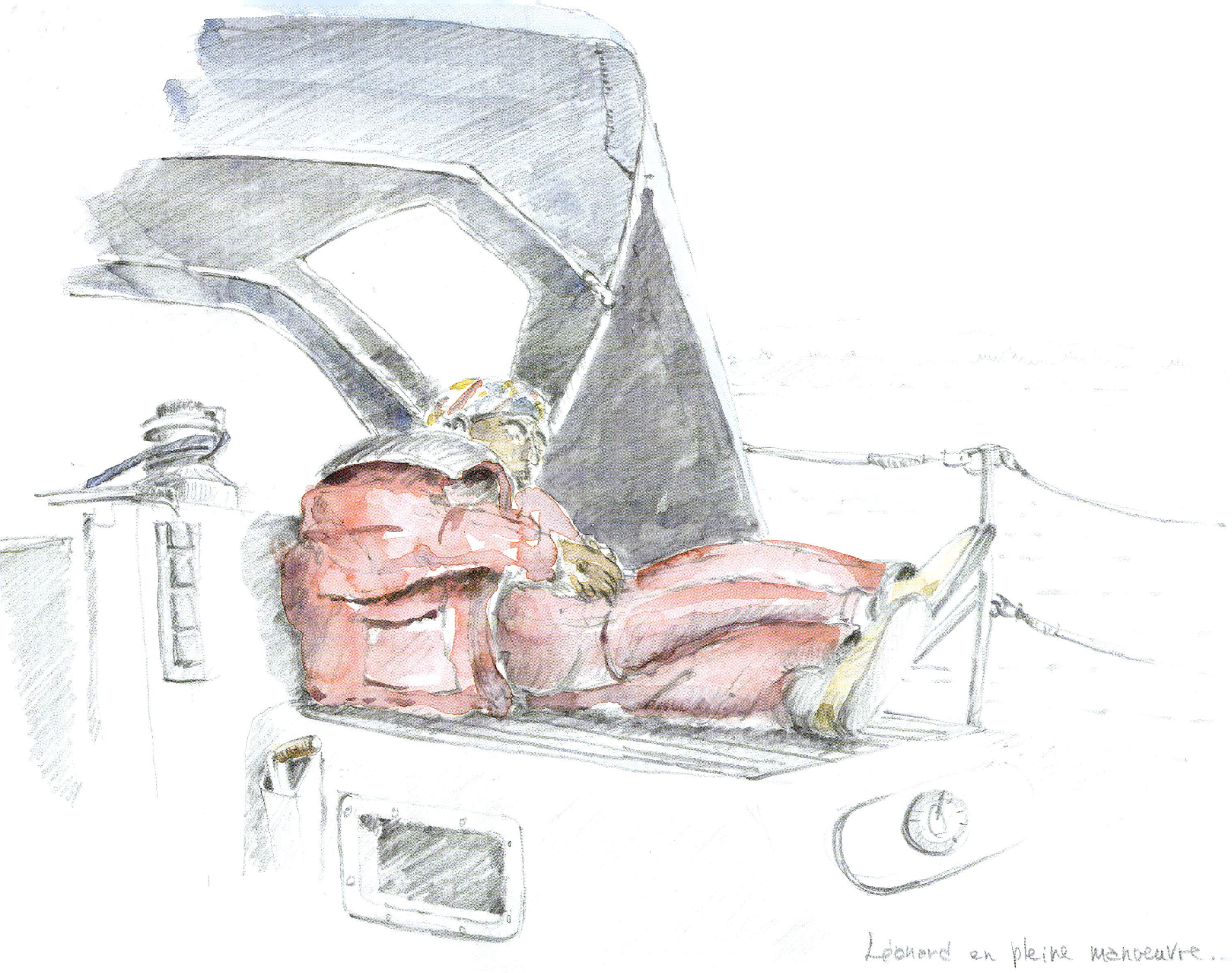

Léonard en pleine manoeuvre..

phare Riv. Madeleine
détail
O
N
S
E
Mitis-sur-Mer
ou Metis ou Pointe Mitis ?

Hommage de l'ingéniosité au vent qui vire.

Dans le décor impressionnant des falaises de Forillon, le spectacle vertigineux des fous de Bassan et la curiosité des phoques tournant autour du voilier.

Cap de la Vieille - Cap Gaspé

la brume s'est dégagée et le
Cap [illegible] est apparu ... impressionnant
nom donné par Jacques-Cartier

Situé dans le secteur du cap Gaspé, ce rocher calcaire, visible de la mer seulement, est nommé cap la Vieille en raison de la tête de vieille femme, coiffée à la canadienne, qu'on a cru y déceler. En fait, il s'agit du Vieux puisqu'une tourelle semblable, nommée la Vieille, s'est effondrée en 1851. L'acception féminine est toutefois restée en usage.

Dans la brume, la côte de la baie de Gaspé doit sûrement ressembler à celle que Jacques Cartier a approchée avec circonspection en 1534. Un jour le Nouveau Monde a commencé ici. De la mer il arrive que cette terre exhale un parfum de commencement des temps.

Un bon vent de travers du sud-ouest permettra au *Nanuq* de doubler la pointe sud-ouest de l'île Anticosti et d'atteindre l'archipel de Mingan en une seule bordée.

Monolithes de l'île Quarry, dans l'archipel de Mingan. L'appellation actuelle attire l'attention sur la matière de ces colonnes oubliées ; autrefois le lieu était placé sous le signe de l'évocation marine : en effet, il est possible, selon l'anthropologue Gerry McNulty, que les cartographes du XVIIe siècle, qui l'appelaient plutôt Misquinaux, aient ainsi transcrit le *Pmiskinaw* montagnais, « on s'y rend en aviron ».

Le plaisir de naviguer
entre les îles nombreuses
et rapprochées de l'archipel de Mingan, de
mouiller dans des passes étroites et de
débarquer comme des flibustiers, sous l'œil de
monolithes aux formes étranges
de la Petite île au Marteau.

Habitués que nous sommes devenus à la pollution du fleuve, la limpidité de l'eau et les couleurs des fonds marins nous ravissent. Paradis de la plongée pour ceux qui ne craignent pas l'eau à cinq degrés Celsius.

Un ciel rempli de sternes, de canards et de goélands nous accueille à l'île Nue de Mingan. La géologie n'est pas en reste avec ses cavernes et le rocher Le Moine, sorte de phare avant la lettre, aiguille en attente de son Arsène Lupin.

Ce matin d'août, à bord du *Nanuq*, se déroule un instant magique : le passage étroit entre l'île aux Perroquets et l'île de la Maison, parmi les macareux moines, sous le reflet éblouissant des bâtiments du phare.

BMING... pour baie de Mingan. Bouée cardinale (jaune, noir, jaune) située à l'ouest d'un danger.

l'île aux Perroquets, nommée à cause des macareux et l'île à la Maison à bâbord, passe étroite et mémorable

Le voyage vers l'est s'achève. Il faut rentrer.
L'automne a l'humeur maussade dans ces parages.
Nous laisserons désormais l'aquarelle raconter la vie du fleuve.

Achevé d'imprimer
en avril 1999
sur les presses de
Litho Mille-Îles
Terrebonne, Québec, Canada